Es isch amo giwedn in Tearath...

MAGISCHE ORTE, SAGEN UND GESCHICHTEN

Das Schönste, was wir erleben können, ist das Geheimnisvolle.
Es ist das Grundgefühl, das an der Wiege von wahrer Kunst und Wissenschaft steht.
Wer es nicht kennt und sich nicht wundern, nicht mehr staunen kann,
der ist sozusagen tot und sein Auge erloschen.

ALBERT EINSTEIN

IMPRESSUM

HERAUSGEBER: Bildungsausschuss Terenten – alle Rechte am Gesamtwerk verbleiben beim Herausgeber!
TEXTE UND BILDER: Schüler der Grundschule Dr. Simon Aichner Terenten · UMSCHLAG: Zeichnung von Jonathan Augschöll
FOTOS: Isidor Michael Engl und Augustin Lechner
GRAFIK UND DRUCKVORBEREITUNG: Augustin Lechner · DRUCK: Druckerei A. Weger, Brixen 2010

Printed in Italy · ISBN: 978-88-88910-92-5

Es isch amo giwedn in Tearatn...

MAGISCHE ORTE, SAGEN UND GESCHICHTEN

EIN SCHULPROJEKT DER GRUNDSCHULE
DR. SIMON AICHNER TERENTEN

ZUR ERHALTUNG EINES WERTVOLLEN KULTURERBES
UNSERER HEIMAT, IN SEINER UNVERWECHSELBAREN ART
UND IN SEINER EINZIGARTIGKEIT.

ERZÄHLUNGEN, GESCHICHTEN UND SAGEN VON TERENTEN…

VORWORT 8
KINDER 12

DIE ASCHBURG 14
Die Aschburg im Winnebachtal .... 16 ▲1
Die Raubritter .... 18 ▲1
Der feurige Hund 20
Der verwunschene Schatz 22
Die geheimnisvolle Schatzsuche .... 26 ▲2
Spuk bei der Aschburg 28

VON KAPELLEN UND KIRCHLEIN 30
Die Glocke .... 32 ▲3
Der schwarze Mann 34
Die Krücken 34
Der Brand .... 36 ▲3
's Wolda-Stöckl .... 38 ▲4
Die Sage vom St. Zeno-Kirchlein .... 40 ▲5
Der geschmierte Glockenklachl .... 42 ▲6

LICHTER UND ERSCHEINUNGEN 46
Das rote Licht 48
Das laufende Licht .... 50 ▲7
Das unheimliche Licht 51
Das blaue Licht .... 52 ▲8
Die weiße Hand 54
Spuk auf der Pillingalm .... 58 ▲9
Die feurigen Räder .... 62 ▲10
Bekannte Schritte 64
Der Neuhauser 66
Der Geist im Dachboden 68
Wie der Pflug ins Terner Wappen kam ...... 70 ▲11

Es isch amo gwedn in Tearatn...

NACHERZÄHLT UND ILLUSTRIERT VON SCHÜLERN
DER GRUNDSCHULE DR. SIMON AICHNER TERENTEN

VON SELTSAMEN STEINEN 72
Die Sage vom Teufelsstein 74 **12**
Der Hexenstein 78 **13**
Der Fruchtbarkeitsstein 78 **14**
Der Marksteinrücker 80
Auf der Engl Alm 82 **15**

VON TEUFELN, HEXEN UND ZAUBERERN 88
Mit dem Teufel im Bunde 90 **6**
Begegnung mit dem Teufel 92 **16**
Die Rodahexe 94 **17**
Die Butterhexe 96 **18**
Die Hexe im Ternertal 96
Die Kröte 98 **19**
Der Bettler beim Leimgruber 102 **20**
Das Kratzen an der Tür 104
Der Teufel beim Krautgartner 105 **21**

VON BERGGEISTERN UND ZWERGEN 106
Die Sage vom Tiefrastensee 108 **22**
Die Sage vom Kompfoss-See 110 **23**

DER OBERLEITNER 114
Auf der Jagd 116 **24**
Beim Wildern 118
Das neue Futterhaus 120 **24**
Der Venediger 122
Der Roggenstehler 124
Das weiße Kalb 124
Oberleitners Ende 125

WIR DANKEN 128

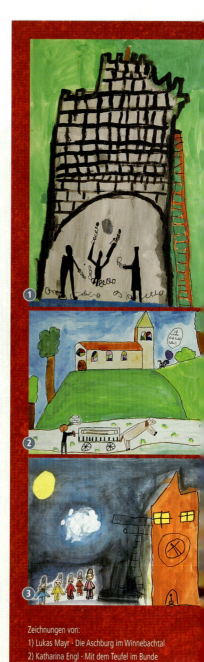

Zeichnungen von:
1) Lukas Mayr · Die Aschburg im Winnebachtal
2) Katharina Engl · Mit dem Teufel im Bunde
3) Elisa Moser · Das blaue Licht

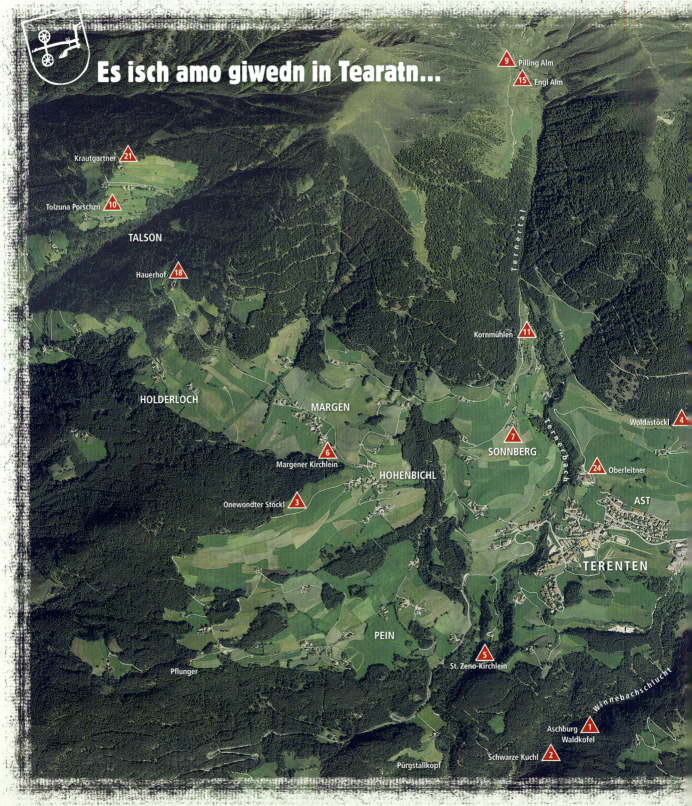

Inhalt

MAGISCHE ORTE, SAGEN UND GESCHICHTEN

Von unseren Vorfahren ist uns ein reicher Schatz an Erzählungen, geheimnisvollen Geschichten und Sagen erhalten geblieben.

Dieses Buch führt uns zu uralten Kultplätzen, zu Orten, die für unsere Urahnen bedeutungsvolle, ja vielleicht sogar heilige Orte waren.

Außergewöhnliche Naturereignisse und Schicksalsschläge wurden von den Menschen häufig durch Sagen erklärt, manchmal klingen diese Ereignisse heute noch in Erzählungen nach.

Besondere Steine, düstere Orte und Höhlen wurden mit Teufeln, Hexen und Geistern in Verbindung gebracht. Auch das Unheimliche und Dämonische zeigte sich an bestimmten Orten unseres Dorfes, wie beim Hexenstein im Winnebachtal.

Sicherlich gab es in dieser Umgebung noch andere magische Plätze, deren geheimnisvolle Geschichten und Ereignisse aber bereits in Vergessenheit geraten sind.

Vorwort

DIE IDEE ...
WIE SIE ENTSTANDEN IST

Zeichnungen von:
1) Lena Engl
Der Bettler beim Leimgruber
2) Stefan Moser
Mit dem Teufel im Bunde
3) David Rieder
Der verwunschene Schatz

Vor Jahren schon trat die Öffentliche Bibliothek mit dem Vorschlag an den Bildungsausschuss heran, mündlich und schriftlich Überliefertes, Sagen und Geschichten um und über Terenten zu sammeln und aufzuschreiben.

In unserer hektischen Lebensweise bleibt mittlerweile kaum noch Gelegenheit für das in früheren Zeiten so beliebte Erzählen von mystischen, gruseligen und geheimnisvollen Geschichten. Leider gehen diese Erzählungen dann mit der Zeit für immer verloren.

Es isch amo giwedn in tearalm...
MAGISCHE ORTE, SAGEN UND GESCHICHTEN

Der Bildungsausschuss nahm das Gedenkjahr zum Anlass, dieses Vorhaben in Angriff zu nehmen. Sein Ziel war es, Kinder bei der Umsetzung dieser Idee mit einzubeziehen. Er trat deshalb an die Grundschule heran.

Die Lehrpersonen ließen sich für dieses Projekt begeistern. Mit viel Engagement haben sie mit den Kindern an diesem interessanten Thema gearbeitet. Das Ergebnis ist nun ein schönes, ansprechendes Buch.

Für ihre wertvolle Arbeit, für die gut gelungene Umsetzung und die zielführende Unterstützung und Begleitung ihrer Schüler sei an dieser Stelle allen sehr herzlich gedankt.

Für die Kinder wird dieses Buch immer einen besonderen Wert haben.

Berthold Astner
FÜR DEN BILDUNGSAUSSCHUSS

Dr. Oswald Lechner

Waltraud Pichler
FÜR DIE BIBLIOTHEK

Zeichnungen von:
4) Kevin Pramstaller · Der feurige Hund
5) Sandra Rastner · Der Teufel beim Krautgartner
6) Michael Winding · Der Neuhauser auf der Huberalm

Vorwort

DAS PROJEKT...
WIE ES AUSGEFÜHRT WURDE

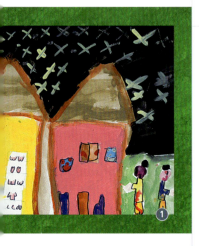

Liebe Leserinnen und Leser!

Im Gedenkjahr 1809 – 2009 haben wir uns an der Grundschule Terenten im Rahmen des Projektes Erlebnis Geschichte mit den historischen Entwicklungen und dem kulturellen Leben der engeren Heimat beschäftigt.

Wir haben uns zum Ziel gesetzt, die Schülerinnen und Schüler erfahren zu lassen, dass mündlich Überliefertes ein unschätzbares Kulturgut darstellt, das hilft, die eigene Lebensumwelt besser zu begreifen. Besonderes Augenmerk wurde dabei dem Kennenlernen von magischen Orten und mystischen Plätzen mit ihren Geschichten und Sagen gewidmet. Um dieses Ziel zu erreichen, haben wir mit kundigen Personen diese Plätze aufgesucht und uns von geheimnisvollen Geschichten in Bann ziehen lassen.

Ternerinnen und Terner waren bereit, in ihren Erinnerungen zu graben und die Schülerinnen und Schüler an diesen Schätzen teilhaben zu lassen. Die Kinder haben den Erzählungen interessiert gelauscht, die Geschichten gesammelt, sie schriftlich festgehalten und anschließend bildnerisch gestaltet.

Der Bildungsausschuss Terenten hat sich tatkräftig für die Verwirklichung des Buchprojektes „Es isch amo giwedn in Tearatn ..." eingesetzt. Dafür möchten wir uns an dieser Stelle ganz herzlich bedanken.

Dank gebührt unseren Schülerinnen und Schülern für die aktive und interessierte Mitarbeit, den Erzählerinnen und Erzählern für ihre Geschichten und dem Kunstlehrer Isidor Michael Engl für seine Fähigkeit, bei den Kindern die künstlerischen Talente zur Entfaltung zu bringen. Für die ansprechende Gestaltung des Buches möchten wir Augustin Lechner unsere Anerkennung zum Ausdruck bringen.

Es tsch amö gjwedn in tearatn...
MAGISCHE ORTE, SAGEN UND GESCHICHTEN

Unser Dank gilt Dr. Oswald Lechner für seine Mühe und seinen Einsatz.

Begeben Sie sich nun mit uns auf eine Reise zu Teufeln, Hexen und Zauberern, seltsamen Steinen und Berggeistern und lassen Sie die Bilder auf sich wirken. Auch für Sie wird so längst Vergangenes wieder lebendig werden.

Zeichnungen von:
1) Natalie Weissteiner
   Der gespenstische Wecker
2) Sara Unterpertinger
   Die Sage vom St. Zeno-Kirchlein
3) Gabriel Aichner
   Der Spuk auf der Pillingalm
4) Sabrina Tschafeller
   Der Teufelsstein

Dr. Karlheinz Bachmann
SCHULDIREKTOR

Reinhilde Peskoller
SCHULLEITERIN

.... DIE LEHRPERSONEN ....

Marianna Klapfer   Waltraud Pichler   Monika Rieder   Agnes Feichter

Anna Maria Volgger   Roswitha Oberhöller   Kathrin Treyer   Anna Pichler   Margit Engl

Zeichnungen von:
1) Alexander Oberhofer · Der Neuhauser auf der Huberalm
2) Claudia Grunser · Der Teufelsstein
3) Dominic Schmid · Auf der Englalm
4) Manuel Priller · In der Krautgartneralm
5) Hannes Treyer · In der Krautgartneralm
6) Patrizia Oberhofer · Der Spuk auf der Pillingalm
7) Elias Unterhofer · Der verwunschene Schatz

Adriana Rumpper, Elias Unterhofer, Stefanie Volgger, Katharina Engl, Valentin Dejaco, Michael Kofler, Michael Winding, Manuel Priller, Patrizia Oberhofer, David Rieder, Romina Plaikner, Jonas Engl, Julia König, Jana Senn, Sandra Rastner, Stefan Mayr, Tobias Oberhauser, Alexander Oberhofer, René Weger, Vanja Jacimovic, Matthias Grunser, Stefan Moser, Philipp Mayr, Benedikt Faer, Michael Klapfer, Judith Grunser, Ramona Maria Engl, Melanie Unterpertinger, Maren Engl, Beatrix Pfattner, Greta Unterhuber, Nadine Gasser, Stefan Grieronori, Evelyn Grunser, Martin Tschöll, Mayr Georg, Elias König, Dominik Volgger, Daniel Rastner, Viktoria Winding, Franziska Schuster, Lucy Schmid, Ivan Lechner, Michael Klapfer, Petra Engl, Hanna Unterpertinger, Marion Oberhof, Hanna Winding, Lisa Lechner, Sara Unterpertinger, Annalena Prader, Dominik Verdorfer, Matthias Feichter, Natalie Weissteiner, Fabian Engl, Michael Feichter, Daniel Lantheler, Karl Wasserer, Tanja Ried, Miriam Klapfer, Jonathan Augschöll, Martin Lechner, Kevin Bramstaller, Sylvia Maria Mayr, Stefan Rieper

Kinder

WIE DIE IDEE LEBENDIG WURDE...

Lamprecht Hannes
Jasmin Oberpolser
Dominik Weger
Lisa Maria Mair
Christa Mayr
Sonja Auer
Gabriel Aichner
Aaron Engl
Marcel Plaickner
Lukas Mayr
Dominic Schmid
Lea Blasbichler
Laura Auer
Elisa Moser
Sarah Schmid
Nadia Feichter
Leon Urban
Elias Volgger
Edith Hofer
Florian Unterhofer
Jakob Thalmann
Julia Mayr
Sara Putzer
Laura Engl
Iris Rieper
Anna Weissteiner
Damian Hopfgartner
Elena Mair
Isaak Plattner
Hannah Blasbichler
Claudia Gruaser
Emma Reichegger
Veronika Mair
Tamara Obergolser
Felix Niederkofer
Celina Kostner
Lena Engl
Sandra Moser
Martin Leitner
Jessica Mair
Hannes Unterhofer
Cindy Passler
Schmid Christian
Sabrina Tschafeller
Olivia Ausserchöll

„Die Sage von dem Mann mit den Guaßfüßen hat mich am meisten beeindruckt."

„Die Wanderung zur Aschburg war besonders schön. Diesen Ort hätte ich alleine nie gefunden."

„Der Kunstlehrer hat uns sehr gute Tipps gegeben. Besonders toll war das Malen mit den goldenen Farben."

„Mich würde interessieren, wieso es früher solche Sagen gegeben hat und heute nicht mehr."

„Es war sehr spannend, die Geschichten an den Orten zu hören, wo sie passiert sind."

„Mir haben die Geschichten gefallen, weil so unerklärliche und geheimnisvolle Dinge passiert sind."

„Interessant war, dass uns verschiedene Leute aus Terenten Sagen erzählt haben."

„Früher war es sicher gruselig, wenn man abends Sagen erzählt hat."

Zeichnungen von: 1) Lukas Mayr · Der feurige Hund,
2) Jonathan Augschöll · Die Aschburg im Winnebachtal, 3) Laura Auer · Der verwunschene Schatz

Die Aschburg

MAGISCHE ORTE, SAGEN UND GESCHICHTEN

Im Jahre 1256 wurde das Winnebach-Schlössl, auch Aschburg genannt, erstmals urkundlich erwähnt.
Die Burg gehörte ursprünglich Rodank-Dienstleuten von Asch (daher auch der Name).
Vor etwa 50 Jahren stand noch ein Teil des Bergfrieds.
In der Mitte des Turms ragte eine mächtige, sagenumwobene Fichte empor.
Um 1970 wollte ein Terner in der Aschburg nach dem legendären Goldschatz suchen.
Um schneller voranzukommen, sprengte er den Turm mit Schießpulver.
Die wertvollen Granitblöcke wurden dann zum Hausbau verwendet.

DIE ASCHBURG IM WINNEBACHTAL

Die Sage weiß allerlei über die Aschburg zu erzählen. So soll Arnold V. von Schöneck, der die Burg erbaut hat, hier mit Freunden und Jägern ausschweifende Feste gefeiert haben. Wahrscheinlich diente die Burg den Schöneckern als Jagdschloss. Am Ende ihres Lebens sollen die Schönecker wilde, verrohte Burschen geworden sein und die Menschen auf dem Wege von Obervintl nach Terenten überfallen und ausgeplündert haben. Im Volksmund wird die Aschburg deshalb auch „das Raubschloss" genannt. Der Sage nach sollen ehemalige Burgbewohner heute noch in stürmischen Nächten als Gespenster durch ihr früheres Jagdgebiet reiten.

Federzeichnung der Aschburg nach einer historischen Vorlage, mit der sagenumwobenen Fichte auf dem Turm.

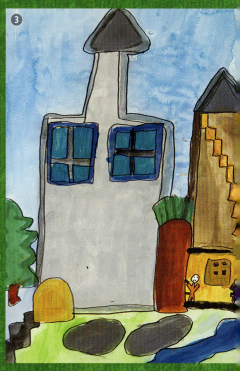

Zeichnungen von: 1) Elisa Moser, 2) Stefan Rieper, 3) Nadia Feichter, 4) Valentin Dejaco

Die Aschburg

DIE RAUBRITTER

Auf der Aschburg sollen Raubritter gewohnt haben. Einmal wollten die Raubritter einen Wagen überfallen, der von Mühlbach kam. Sie stürmen von beiden Seiten auf den Wagen zu. Die Leute waren erschöpft von der langen Reise und wehrten sich nicht. Die Räuber metzelten die armen Leute erbarmungslos nieder. Als der Kampf zu Ende war, verscharrten sie eilig die Toten und bedeckten das Blut mit Sand, damit alle Spuren verwischt waren.

Die Raubritter kehrten mit der Beute auf die Burg zurück und feierten ein ausgelassenes Fest. Während sie aßen und tranken, kam ein großes Unwetter. Die Burg erzitterte und fiel zusammen. Die Raubritter wurden alle getötet. Seitdem ist die Burg eine Ruine.

Die Ritter finden aber keinen Frieden. Sie müssen heute noch um die Ruine geistern. In stürmischen Nächten kann man manchmal das Heulen und Klagen der gespenstischen Ritter hören.

Auf einem Waldkofel in der Winnebachschlucht zwischen Terenten und Obervintl sind nur mehr wenige Mauerreste der sogenannten Aschburg zu finden.

Zeichnung von: Sylvia Maria Mayr

Zeichnungen von:
1) Sara Putzer,
2) Jonathan Augschöll,
3) Elisa Moser

Die Aschburg

DER FEURIGE HUND

In der Aschburg soll sich ein sagenhafter Schatz befinden. Ein Bauer aus Terenten, groß und stark wie ein Bär, wollte eines Tages den Schatz suchen. Mit Schaufel und Hacke machte er sich auf den Weg. Als er schon einige Zeit gegraben hatte, spürte er ein leichtes Zittern und Beben. Ein eiskalter Hauch fuhr ihm ins Gesicht. Als er sich umschaute, sah er einen feurigen Hund. Der Hund glotzte ihn mit glühenden Augen an. Der Bauer wollte ihn verscheuchen. Als er aber merkte, dass der Hund keine Angst hatte, ließ er Schaufel und Hacke fallen. Voller Schreck lief er davon. Und den Schatz gibt es vielleicht immer noch.

Die Aschburg

DER VERWUNSCHENE SCHATZ

Es war einmal ein schöner Sonntag, an dem eine Magd von Terenten nach St. Sigmund wollte. Sie nahm eine Abkürzung und kam an der Ruine der Aschburg vorbei. Aber anstelle der Ruine sah sie ein wunderschönes Schloss. Sie schaute neugierig hinein. Auf einer Truhe saß eine schön gekleidete Frau. Sie sagte: „Komm herein und hör, was ich dir sage."
Die Magd ging hinein. Die Frau sprach: „Diese Truhe mit allen ihren Schätzen kann dir gehören unter einer Bedingung: Du musst dir diese Schlange dreimal um den Hals kriechen lassen. Die Schlange hat den Schlüssel zur Truhe im Maul. Den musst du ihr mit den Lippen abnehmen. Es wird dein Glück sein." Die Magd antwortete: „Ich mache es."
Als sich der Schlangenkopf ihrem Mund näherte, erfasste sie ein Ekel und sie schleuderte die Schlange weit von sich.
Die Frau drehte sich traurig um und sprach: „An dieser Stelle, wo du die Schlange hingeschleudert hast, wird eine Fichte wachsen. Wenn sie hundert Jahre alt ist, wird sie gefällt. Aus ihrem Holz wird eine Wiege gemacht. Das Kind, das in diese Wiege gelegt wird, wird ein Priester werden. Bei seiner ersten heiligen Messe werde ich von diesem Fluch erlöst."
Als sie diese Worte ausgesprochen hatte, verschwand sie, und mit ihr das prächtige Schloss.

Zeichnungen von: 1) Julia Mayr, 2) Natalie Weissteiner, 3) Leon Urban, 4) Miriam Klapfer

DER VERWUNSCHENE SCHATZ

Zeichnungen von: 1) Lucy Schmid, 2) Sarah Schmid, 3) Rene' Weger, 4) Tamara Obergolser

Die Aschburg

DIE GEHEIMNISVOLLE SCHATZSUCHE

Unterhalb der heute versunkenen Aschburg in der Winnebachschlucht liegt die „Schwarze Kuchl". Dort herrscht auch bei hellstem Tage, ein dunkles und schauriges Licht.

Es waren einmal drei Burschen aus Vintl, die wollten den geheimnisvollen Schatz der Aschburg suchen. Sie hatten gehört, dass es ganz leicht wäre, wenn man nur keine Angst hätte.
Um aber den Schatz zu finden, brauchte man drei geweihte Sachen: einen Tabernakelschlüssel, eine Stola und eine Versehlaterne. Der Sohn des Messners konnte ihnen die Dinge problemlos aus der Kirche holen.
Bei Nacht und Nebel starteten sie und kamen nach einiger Zeit zum Winnebach. Als sie den Wildbach überquerten und in die Nähe der Burg kamen, hörten sie ein gewaltiges Krachen und Poltern.
Sie erschraken heftig und glaubten, Gott wolle sie nun bestrafen. Sie rannten eilig zum Gotteshaus zurück.
Schnell gaben sie die drei gesegneten Gegenstände zurück.
Die Lust am Schatzsuchen war ihnen für immer vergangen.
Und der Schatz ist vielleicht immer noch da.

Die Aschburg

Zeichnungen von: 1) Nadia Feichter, 2) Hanna Winding

Zeichnungen von: 1) Stefan Rieper, 2) Valentin Dejaco

SPUK BEI DER ASCHBURG

Es war einmal ein Bauer aus Terenten, der hatte sich bei einer Verabredung in Vintl verspätet. Es war schon dämmrig, als er sich auf den Weg zurück nach Terenten machen wollte. Da fragten ihn ein paar Leute: „Traust du dich, durch die unheimliche Winnebachschlucht zurückzukehren?"
Da antwortete der Mann: „Ich fürchte mich heute vor gar nichts, nicht vor Geistern, nicht vor dem Teufel und nicht vor Hexen!"
Als er aber in die Nähe des Burgfelsens kam, sah er vor sich eine prächtige Burg in einem rötlichen Schein und einen Ritter mit glänzender Rüstung aus Gold und Silber. Der Ritter hatte ein Kästchen im Arm. Darin hatte er Dolche mit goldenen Griffen und blitzenden Steinen, goldene Ringe und silberne Becher von großem Wert.
Als der Ritter näher kam und ihm das Kästchen entgegenstreckte, sah der Bauer, dass dieser leere Augenhöhlen und einen Skelettkörper hatte. Vom Grauen gepackt, kehrte der Mann eilig um. Als er aber wenige Schritte gemacht hatte, stürmten von allen Seiten Ritter mit glänzenden Rüstungen herbei. Einer hatte einen Rappen dabei. Der Ritter sagte: „Nimm dieses Pferd und halte es am Zügel!" Das Pferd aber bäumte sich auf. Da ergriff der Bauer wieder die Flucht.
Als er sich umdrehte, war der ganze Spuk verschwunden, auch von der Burg war nichts mehr zu sehen.

Zeichnungen von: 1) Sandra Moser · Die Sage vom St. Zeno-Kirchlein,
2) Romina Plaikner · Die Glocke, 3) René Weger · Der geschmierte Glockenklachl

Von Kapellen und Kirchlein

MAGISCHE ORTE, SAGEN UND GESCHICHTEN

Kim i her van Onewondta Stöckl,
do isch mir a Mandl begegnet mit a birchan Bröckl.
Noa hon i gsog: „Mandl, soll i dir helfn trogn?"
Noa hot mi des Sakramandl übon Weg ogn gschlogn.
Noa hon i mi untran Mausegagile vosteckt
und des Mausegagile hot do Wind votrogn.
Noa bin ich do her zin (…) gflogn.

„Birchan Bröckl" Holzstück der Birke

Von Kapellen und Kirchlein

DIE GLOCKE

Der Osn-Bauer ging oft auf die Felder und schaute nach der Ernte auf seinen Äckern. Da hörte er immer an einer bestimmten Stelle eine Glocke läuten. Das wurde ihm langsam unheimlich. Er dachte: Vielleicht ist da ein Geist, der nicht ruhen kann. Deshalb erbaute er an der Wand (am Rand) eines Ackers ein Stöckl.
Seitdem hörte er nie wieder die Glocke läuten.
Das Stöckl wird im Volksmund Onewondter Stöckl genannt.

Die Mutter Gottes im Onewondter Stöckl.

Zeichnungen von: 1) Judith Grunser, 2) Fabian Engl

DER SCHWARZE MANN

In Pein wohnte ein Mann mit Namen Jörgl.
Er war bekannt als starker und mutiger Mensch.
Dieser Mann ging oft von Margen nach Weitental zu den
jungen Mädchen. Einmal ging er erst in den Morgenstunden
nach Hause. Als er beim Onewondter Stöckl vorbei kam,
sah er eine schwarze Gestalt. Der mutige Jörgl schrie
zu der Gestalt: „Soll ich dir eine verpassen?" Er nahm einen
„Schtiffla" und wollte die Gestalt verhauen. Plötzlich war
sie weg, wie in Luft aufgelöst. Der Mann lief, so schnell er
konnte, nach Hause. Von da an ging er öfters zum
Onewondter Stöckl zu beten.

DIE KRÜCKEN

Es war einmal ein Mann, der hatte Krücken.
Er hoffte, dass er die Krücken nicht mehr brauchen würde.
Deshalb humpelte er jeden Tag zum Onewondter Stöckl
und betete dort inständig. Wie durch ein Wunder brauchte
er eines Tages die Krücken wirklich nicht mehr.
Er konnte wieder ohne Hilfe frei gehen. Das geschah,
weil er immer beim Onewondter Stöckl gebetet hatte.
Zum Dank schnitzte er ein Paar kleine Krücken und
hängte diese an der Wand neben der Mutter Gottes auf.

④

Zeichnungen von:
1), 4) Romina Plaikner,
2) Martin Leitner
3) Cindy Passler

„Schtiffla"
Gestell zum Heutrocknen

Von Kapellen und Kirchlein

DER BRAND

Vor einigen Jahren, am 27. Juli (genau am Geburtstag vom Engl-Vater), brannte es im Inneren vom Onewondter Stöckl. Die Marienstatue brannte nur bis zu den Händen, die Schlange hingegen verkohlte. Daraufhin wollte man die Statue aus dem Stöckl entfernen. Martha Künig sagte: „Es ist ein Wunder, dass Maria verschont blieb. Es bedeutet, dass sie nicht von hier weg will. Wir können sie putzen und wieder herrichten." Die Mutter Gottes steht bis heute in der Kapelle.
Man kann die Spuren vom Brand noch deutlich sehen.

Das Onewondter Stöckl steht in einer weiten Wiese am Hohenbichl.

Zeichnungen von:
1) Hanna Unterpertinger,
2) Romina Plaikner,
3) Christa Mayr

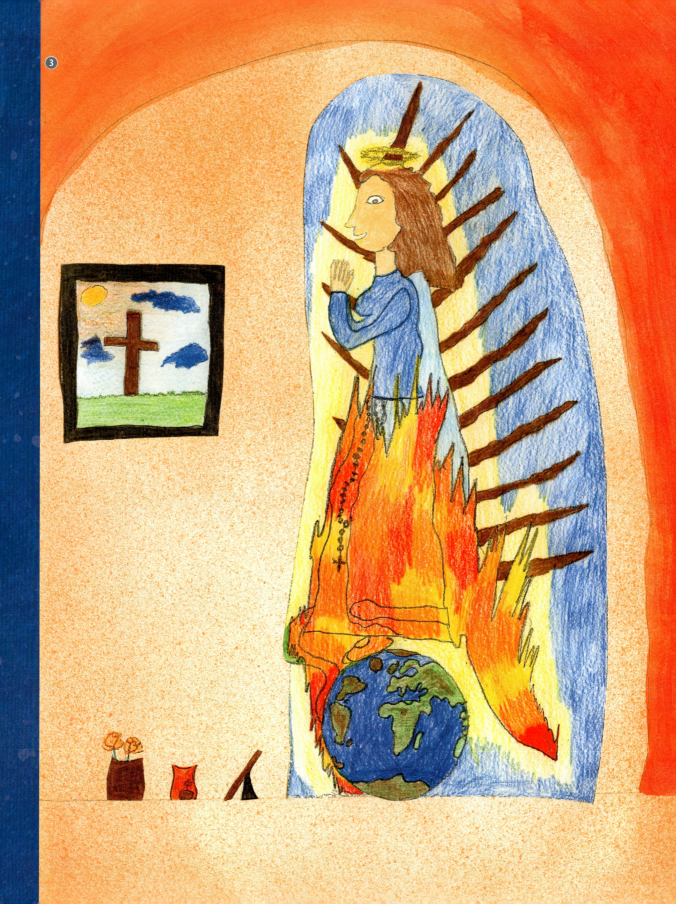

Von Kapellen und Kirchlein

'S WOLDASTÖCKL

Das alte Woldastöckl, im Wald oberhalb des Walderhofes.

Wir schreiben das Jahr 1945 und befinden uns mitten im Zweiten Weltkrieg. In Spinges sind Abwehrgeschütze gegen feindliche Flieger stationiert. Ein angeschossenes Flugzeug fliegt über Terenten und muss sich hier seiner Bomben entledigen. Die erste Bombe schlägt in der Luamgruiba Ebene ein. Die Splitter zerstören die Scheiben des Wohnhauses und bleiben im Holz des Futterhauses stecken.
Die zweite Bombe fällt etwa 100 m weiter im Winnebachtal nieder und zerstört die Luamgruiba Mühle. Der Luamgruiba Hansl (Johann Lechner) ist an diesem Tag gerade beim Kornmahlen. Glücklicherweise erreicht er auf dem Weg nach Hause gerade das „Mühlgattole", das sich genau in der Mitte der beiden Einschusslöcher befindet. Der Hansl bleibt wie durch ein Wunder unverletzt. Aus Dankbarkeit errichtet er der Muttergottes zu Ehren ein Stöckl genau an dieser Stelle. Die Mittel, welche ihm dabei zur Verfügung stehen, sind sehr bescheiden, so dass Wind und Wetter das Stöckl über die vielen Jahrzehnte arg in Mitleidenschaft ziehen.
Aus Freude und Dankbarkeit über das große Glück, das einige Bewohner vom Walderlaner in den letzten Jahren erfahren durften, beginnen sie im Jahre 2006 das Stöckl wieder aufzubauen. Am Herz-Jesu-Sonntag weiht es der Herr Pfarrer ein. Es ist ein großes Fest für die Walderlaner, welche gemeinsam dem Herrgott und der Muttergottes danken.

Zeichnung von: Ivan Lechner

DIE SAGE VOM ST. ZENO-KIRCHLEIN

Einst wollten die Menschen von Terenten
ein Zeno-Kirchlein auf dem Pürgstallkopf bauen.
Die Zimmerleute fällten Bäume. Da kamen schwarze
Vögel und hoben die Holzreste auf. Sie ließen sie
blutgefärbt auf den heutigen Zenohügel hinunter
fallen. Da wussten die Leute, dass sie die Kirche
dort bauen sollten.

Das St. Zeno-Kirchlein wurde auf einem uralten Siedlungs- und Kultplatz erbaut.

Zeichnungen von:
1) Daniel Lanthaler,
2) Elias Volgger,
3) Jana Senn

Von Kapellen und Kirchlein

Von Kapellen und Kirchlein

DER GESCHMIERTE GLOCKENKLACHL

Das Margener Kirchlein um 1930, mit Blick in Richtung Talson.

Der Hollegger und der Hauer in der Talson waren Nachbarn. Die beiden hatten sich immer gut vertragen.
Eines Tages, als der Hollegger in den Stall kam, sah er, dass eine Kuh tot am Boden lag. Er war sehr verwundert. Als er am nächsten Tag in den Stall kam, lag da schon wieder eine tote Kuh. So ging es auch an den folgenden Tagen.
Der Hollegger konnte sich das Ganze nicht erklären. Er dachte: „Wos tat i jeatz am beschtn?" Als er so nachdachte, fiel ihm ein, dass der Orthammer in Vintl ein Zauberer war und ihm vielleicht helfen könnte. „Am beschtn, i geh glei zi ihm hin!"
Gesagt, getan. Der Hollegger erzählte dem Orthammer, was in seinem Stall in letzter Zeit passiert war. Als er alles genau erzählt hatte, sagte der Zauberer: „Vielleicht sein do beasa Nochba schuld?" Der Hollegger: „Na, sel gibs net.
Mir hobn ins mit die Nochba ollm guit votrogn!"
Dann ging er wieder nach Hause. Die Worte des Orthammers ließen dem Hollegger aber keine Ruhe.
In der Nacht versteckte er sich hinter einem Heuhaufen. Es dauerte nicht lange, da sah er den Hauer durchs „Mischaloch" herunter kriechen. Der setzte sich auf eine Kuh, schlug sie mit einem Stock und peinigte sie.
Am nächsten Tag ging der Hollegger wieder zum Zauberer. Der Zauberer sagte: „Do, i gib do de Creme. De schmiersche, vors neina schlog, gonz a pissl afn „Gloggnklachl" va do Morgina Kirche. Obo i sog dos, LEI GONZ A PISSL!"

>>

Zeichnung von: Stefan Rieper

DER GESCHMIERTE GLOCKENKLACHL

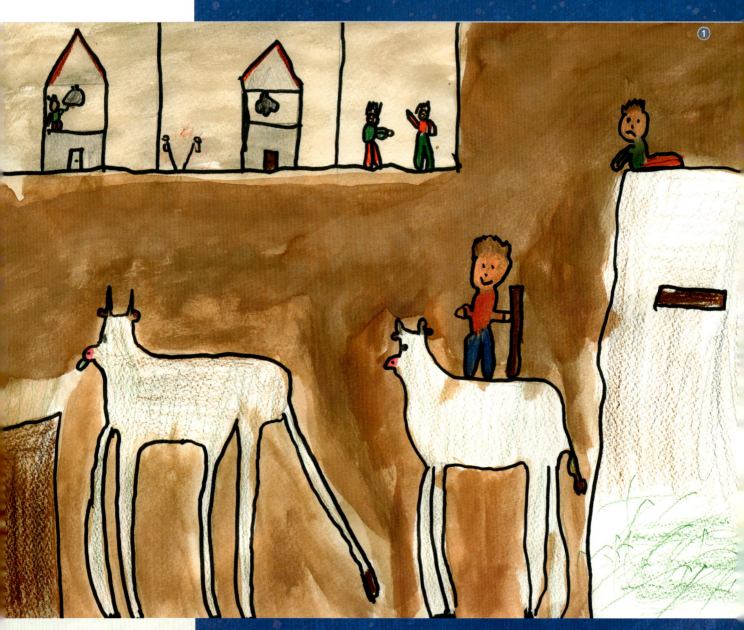

Zeichnungen von: 1) Sylvia Mayr, 2) Stefanie Volgger, 3) René Weger

Von Kapellen und Kirchlein

So ging er wieder Richtung Talson. Als er beim Margener Kirchl vorbeikam, schmierte er die Creme auf den „Klachl". Er war so wütend, dass er einen ganzen Patzen auf den Schwengel strich.

Dann machte sich der Hollegger auf den Heimweg. Als er nach Hause kam, es war inzwischen schon nach neun Uhr, kamen ihm schlechte Nachrichten zu Ohren. „Do Hauer isch gschtorbm!", berichteten seine Kinder. „Der wor abo schun olt", meinten einige. Andere wiederum sagten, den Hauer habe es förmlich zerrissen.

Der Hollegger lief wieder nach Vintl und fragte den Zauberer um Rat. Dieser sagte: „Du hosch meina Unweisungen et befolgt!" „I hon die Creme afn Gloggnklachl gitun, wie du gsog hosch", erwiderte der Hollegger. „Obo du hosch zi viel augn gitun! Deswegn ischa gschtorbn."

Der Hollegger musste noch eine Nacht beim Orthammer bleiben und ihm einen Dienst erweisen. Dann ging er wieder in die Talson zurück.

„Mischaloch"
Öffnung im Stadelboden, durch die Futter vom Stadel in den Stall befördert wird

Zeichnungen von: 1) Matthias Feichter · Der Spuk auf der Pillingalm,
2) Sandra Moser · Das blaue Licht, 3) Tamara Obergolser · Die weiße Hand

Lichter und Erscheinungen

MAGISCHE ORTE, SAGEN UND GESCHICHTEN

In einer Zeit, als das Leben noch ruhiger und gemächlicher verlief
und es im Alltag wenig Abwechslung gab, hatten die Menschen noch viel Gespür für das Übersinnliche.
Häufig haben sich Sterbende durch verschiedene Zeichen „angemeldet".
Menschen aber, die im Leben Unrecht getan hatten, fanden oft keine Ruhe und keinen Frieden.
Sie mussten nachts als Irrlichter oder als dunkle Gestalten herumirren,
bis sich jemand ihrer erbarmte und beim Pfarrer Messen bezahlte. Damit hörte der Spuk meistens auf.

Lichter und Erscheinungen

DAS ROTE LICHT

Es waren einmal zwei besonders gute Freunde, Lois und
Adolf. Sie verbrachten viel Zeit miteinander und unternahmen
viel gemeinsam. Als sie noch Buben waren, hatten sie ein
Fahrrad. Damals gab es noch keine Straße, weder nach
Vintl noch nach Bruneck. Wenn sie nach Vintl fuhren, banden
sie Baumwipfel an das Hinterrad, um Bremsen zu sparen.
Später kauften sie sich beide ein Motorrad und machten
damit Ausflüge.
Einmal waren sie gemeinsam bei der Holzarbeit.
Da sagte Adolf: „Glaubst du, dass es noch etwas gibt,
wenn wir gestorben sind?" Lois meinte: „Ich glaube schon."
Aber Adolf zweifelte daran und machte den Vorschlag:
„Wer von uns beiden zuerst stirbt, soll sich beim anderen
melden." Nach einigem Zögern willigte Lois ein.
Sie besiegelten diese Vereinbarung mit einem Handschlag:
„Hand her, ausgemacht!" Als beide etwas älter waren, machten
sie die Jagdprüfung und kauften sich ein Gewehr.
Als dann im Jahre 1961 die Straße von Vintl nach Terenten
gebaut wurde, übernahm Adolf bei der Straßenbaufirma die
Arbeit als Lastwagenfahrer. Er kaufte sich auch selber ein Auto.
Im Winter kam eines Tages die Nachricht, dass Adolf mit
dem Auto tödlich verunglückt war. Lois war tief betroffen. Fast
eine ganze Woche lang war er kaum imstande zu arbeiten.
Er musste immer an seinen Freund denken.

Zeichnung von: Hanna Winding

Einige Monate später kam er spät in der Nacht von einer Veranstaltung nach Hause. Er legte sich ins Bett. Plötzlich war ein Leuchten im Zimmer. Unverzüglich stand er auf, um nachzuschauen, woher das Licht kommen könnte. Er schaute beim Fenster hinaus und rief: „Ist da wer?" Nichts rührte sich. Da legte er sich wieder hin. Nach einiger Zeit wurde es im Zimmer wieder unerklärlich hell. Er drehte sich um und bemerkte, dass die ganze Wand auf der anderen Seite des Bettes rot leuchtete. Inmitten von roten Flammen sah er ganz deutlich das Bild seines verstorbenen Freundes. Erschrocken machte er das Licht an. Da war die Erscheinung verschwunden.
Eine ganze Woche lang konnte er nur noch mit dem Licht der Lampe schlafen.

DAS LAUFENDE LICHT

Blick auf den Sonnberg mit den Höfen Hansen und Wagmann.

Lois kaufte von seinem verstorbenen Freund Adolf das Gewehr. Einige Zeit später wollte er einmal auf die Jagd gehen.
Um zwei Uhr in der Nacht machte er sich mit diesem Gewehr auf den Weg. Damals gab es noch keine Straßenbeleuchtung, es war stockfinster. Er marschierte über den Sonnenberg Richtung Hansenhof. Plötzlich entdeckte er beim Wegkreuz in der Nähe des Hansenhofes ein brennendes Licht. Er nahm sein Fernglas und sah, dass es ein Kerzenlicht war. Er dachte an seinen Freund und genau in diesem Augenblick begann sich das Licht in seine Richtung zu bewegen. Das rote Licht wurde immer schneller und kam näher und näher. Von Furcht gepackt, rannte er davon. In seiner Eile fiel er auch noch hin. Schnell stand er wieder auf und drehte sich um. Das Licht aber war verschwunden. Auf schnellstem Wege wollte er nach Hause. Die Jagdfreude war ihm vergangen.
Und wieder musste er einige Wochen in der Nacht mit Licht schlafen, so sehr fürchtete er sich vor diesem Spuk.
Er betete dann für seinen Freund und bezahlte Messen für die armen Seelen.
Mit der Zeit verschwand die Furcht wieder.

Lichter und Erscheinungen

DAS UNHEIMLICHE LICHT

Viele Jahre später wollte Lois wieder einmal in aller Früh, als es noch stockdunkel war, auf die Jagd. Plötzlich sah er beim Wegkreuz in der Nähe seines Hofes ein Licht brennen. Er dachte, der Nachbar hätte wohl eine Kerze angezündet. Als er sich das aber näher anschauen wollte, sah er weder eine Kerze noch ein anderes Licht. Später, als er nach Hause kam, erfuhr er, dass der Onkel seiner Frau gestorben war. Er erzählte dieses Erlebnis seiner Frau und sie verstanden, dass sich der Tote angemeldet hatte.

Zeichnungen von:
1) Sarah Schmid,
2) Sara Putzer

Lichter und Erscheinungen

DAS BLAUE LICHT

Weg nach Pichlern
mit altem Kieser Futterhaus,
gesehen von der Gaze aus.

In der Nachkriegszeit herrschte auf vielen Bauernhöfen
in Terenten große Not.
In den meisten Familien waren viele Kinder. Manch ein Bauer
hatte kaum das Nötigste, die Familie zu ernähren.
Ein Bauer, der keinen anderen Ausweg mehr sah, brach in
eine Mühle am Winnebach ein und holte Mehl für seine Kinder.
Als dieser Bauer nun nach Jahren verstarb, sahen einige
Nachbarn jeden Abend zu einer bestimmten Zeit ein Licht,
das sich von der „Gaze" (Weg Richtung Forstnerhof)
zu den Mühlen am Winnebach hin bewegte.
Dieses Licht konnten aber nicht alle Leute sehen, so sehr sich
manche Burschen auch bemühten.
Die Bauern versuchten das Licht mit Stangen und Brettern
zu erhaschen. Es wollte ihnen aber nicht gelingen, das Licht
wich immer wieder aus.
So beschlossen sie, für diese arme Seele zu beten
und Messen zu bezahlen, und siehe da, das Licht wurde
nie mehr gesehen.

Zeichnungen von: 1) Lukas Mayr, 2) Elias Künig, 3) Sarah Schmid

Zeichnungen von: 1) Nadia Feichter, 2) Julia Mayr,
3) Viktoria Winding, 4) Greta Unterhuber

Lichter und Erscheinungen

DIE WEISSE HAND

Der Pflung Lois musste in den Krieg ziehen.
Eines Abends sah sein Vater, der Pflunger, plötzlich eine weiße Hand am Fenster. Er erzählte das seiner Frau und hatte auch eine Vermutung, was die Hand wohl bedeuten könnte.
Als der Pflunger und die Pflungerin am Abend im Bett lagen, hörten sie jemanden mit der Strohbank arbeiten, obwohl im Hause alle schon schliefen. Wieder hatte der Pflunger eine Vermutung. Was das alles zu bedeuten hatte, erfuhr er Wochen später, als er die Todesnachricht seines Sohnes Lois bekam.
Man sagte: Der Tote hat sich angemeldet.

DIE WEISSE HAND

Zeichnungen von: 1) Sara Putzer, 2) Natalie Weissteiner, 3) Leon Urban, 4) Laura Auer

Lichter- und Erscheinungen

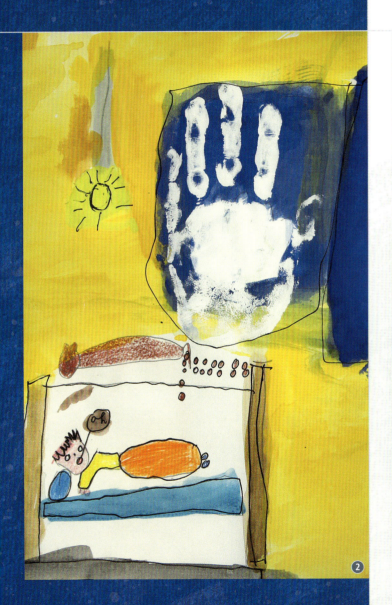

SPUK AUF DER PILLING ALM

Die Pilling Alm im Ternertal, wie sie früher war.

Vor fünfzig Jahren verbrachte Anton den Sommer als Senner auf der Pilling Alm. Zusammen mit seinem Hirten versorgte er dort das Vieh. Eines Tages war Anton in der Küche und kochte ein schmackhaftes Mus. Der Hirte war auf der Weide beim Vieh. Da hörte Anton plötzlich ein Geräusch und die Tür der Speisekammer ging auf. Am Boden sah er zwei große Schuhe und die Tür wurde von einer großen Hand gehalten.
Doch es kam niemand herein. Voller Angst lief Anton aus der Hütte und eilte zur nahe gelegenen Engl Alm.
Erst am Abend kehrten Anton und sein Hirte zur Pilling Alm zurück. Jetzt war aber nichts Verdächtiges mehr zu sehen. Anton dachte noch lange an diese Erscheinung.

Lichter und Erscheinungen

Zeichnungen von: 1) Katharina Engl, 2) Jasmin Obergolser

SPUK AUF DER PILLING ALM

Zeichnungen von: 1) Georg Mayr, 2) Vanja Jacimovic,
3) Dominik Verdorfer, 4) Jonas Engl, 5) Marion Oberhofer

Lichter und Erscheinungen

Die steilen „Tolzuna Porschzn".

DIE FEURIGEN RÄDER

In der Talsoner Gegend sollen sich in früherer Zeit mancherlei unheimliche Begebenheiten zugetragen haben.
Wenn man vom Hauer Richtung Krautgartner schaute, waren in bestimmten Nächten feurige Räder zu sehen, die über die steilen Hänge, die „Porschzn", hinunterrollten und -hüpften. Zwischen den brennenden Speichen der Feuerräder soll man eingeklemmte Köpfe gesehen haben.

Lichter und Erscheinungen

Zeichnungen von: 1) Sara Unterpertinger, 2) Hanna Winding, 3) Miriam Klapfer

Lichter und Erscheinungen

BEKANNTE SCHRITTE

Die Bruggerin war eine Schneiderin.
Als sie ein junges Mädchen war, erlernte sie diesen Beruf
in St. Sigmund.
Sie arbeitete und wohnte die Woche über bei
einer Schneiderin in St. Sigmund.
Eines Abends ging sie müde zu Bett.
Sie lag noch wach in ihrem Bett, da hörte sie Schritte am
Gang. Sie kamen zu ihrer Kammer, gingen an ihrem Bett vorbei
und wieder bei der Tür hinaus, ohne dass sich die Tür öffnete.
Sie erkannte die Schritte. Es waren die Schritte ihres Vaters.
Die Bruggerin wusste nicht, was das zu bedeuten hatte.
Am nächsten Tag erzählte sie den Vorfall der Schneiderin.
Diese wusste auch keine Erklärung.
Am darauffolgenden Tag bekam die Bruggerin die Nachricht,
dass ihr Vater verstorben war.
„Der Tote hat sich angemeldet", so sagte man.

Zeichnung von: Lisa Maria Mair

DER NEUHAUSER

Der Neuhauser war ein Mann, der oft zu den Bauernhöfen ging, um Pfannen zu flicken, Nähmaschinen und Zentrifugen zu reparieren. Für das Arbeiten durfte er am Hof übernachten. In Terenten kannte ihn jeder, da er bei fast allen Bauern zu tun hatte. Bei der Arbeit hörte man den Neuhauser immer fluchen, wenn ihm etwas nicht gelang. Er ging nicht in die Kirche und betete auch nie. „Ich habe vor niemandem Angst!", sagte er öfter.

Einmal war der Neuhauser beim Oberhauser. Er schlief mit dem Bauern in einer Kammer. Als es dunkel wurde und die beiden schlafen gingen, hörte der Neuhauser Geräusche auf dem Balkon. Er weckte den Oberhauser und sagte: „Do kimpa, do kimpa! Hearsch ihn, hearsch ihn?" Der Oberhauser sah und hörte aber nichts. Die nächste Nacht konnte der Neuhauser gar nicht schlafen. Er war so unruhig und ängstlich, dass er nur mehr zitterte. Immer wieder hörte er die Schritte auf dem Balkon. Dann erkannte er, dass die Gestalt sein Sohn war, der vor einigen Jahren bei einem schweren Unfall mit dem Motorrad tödlich verunglückt war. Da rieten ihm die anderen, eine Messe zu bezahlen. Die Leute glaubten nämlich, dass der Sohn vom Neuhauser nicht zur Ruhe käme, weil sein Vater sich nicht um ihn gekümmert hätte. Der Neuhauser blieb aber stur und sprach: „Ich bezahle für meinen Sohn keine Messe. Die soll der bezahlen, bei dem er gearbeitet hat!"
Der Oberhauser jedoch meinte: „Es ist dein Sohn. Also bezahlst du die Messe!" Nun ließ sich der Vater endlich überreden und bezahlte die Messe.
Seitdem hörte er nichts mehr. Er arbeitete wie immer als Zentrifugen- und Nähmaschinenrichter weiter bis an sein Lebensende.

Zeichnungen von:
1) Hannes Lamprecht,
2) Karl Wasserer

Lichter und Erscheinungen

Zeichnungen von: 1) Tobias Oberhauser, 2) Michael Feichter, 3) Benedikt Falk

DER GEIST IM DACHBODEN

Am 15. August ist es Brauch, Kräuter und Blumen in die Kirche zum Weihen zu tragen. Immer wenn ein Gewitter kommt, verbrennt man einen Teil dieser Kräuter. Das soll die Menschen und Häuser vor Blitz und Unwetter verschonen.
Es wird erzählt, dass die Leimgruiba-Mutter an einem Werktag im Sommer in die Kirche ging. Ihre Kinder waren allein zu Hause. Draußen tobte ein furchtbares Gewitter. Alle hatten Angst und hockten in der Stube in einer Ecke. Ein Bub nahm all seinen Mut zusammen und holte auf dem Dachboden geweihte Kräuter, damit sie diese verbrennen konnten. Oben auf dem Dachboden wurden früher auch die alten Grabkreuze der verstorbenen Angehörigen aufbewahrt. Plötzlich hörten die Kinder in der Stube drinnen den Buben über die Stiege herunterpoltern. Er war schneeweiß im Gesicht und zitterte vor Schreck. Die Geschwister fragten ihn: „Was ist denn los?"
Der Junge stotterte: „Da da o-o-oben bei den Kreuzen im Dachboden kniet eine Gestalt."
Voller Angst beteten die Kinder so lange, bis die Mutter nach Hause kam.

Lichter und Erscheinungen

WIE DER PFLUG INS TERNER WAPPEN KAM

Mühlräder einer Kornmühle. Vor noch nicht langer Zeit, waren die Mühlen ein lebenswichtiger Bestandteil der Bauern in Terenten. Im Ternertal wurden sie restauriert. Im Winnebachtal sind viele schon verfallen, oder es gibt sie schon nicht mehr.

Es war einmal ein Bauer, der wohnte auf dem Berg. Zu seinem Hof gehörte eine Mühle. Als die Feldarbeit beendet war, begann die Mühlenarbeit. Er mahlte sein Korn zu Mehl. Danach wollte er noch für andere Bauern mahlen. Aber der Winter hatte in jenem Jahr früh angefangen und das Mühlrad war eingefroren. So konnte der Bauer nicht mehr mahlen.
Er hatte aber im Hause noch viel zu erledigen. Es schneite und schneite und der Bauer machte sich Sorgen um die Mühle, der Schnee könnte das Mühlendach eindrücken. Es ließ ihm keine Ruhe mehr. Da nahm er Schaufel und Rechen und ging hinaus. Er musste sich den Weg freischaufeln. Mit dem Rechen wollte er den Schnee vom Mühlendach kratzen. Zuvor ging er aber noch in die Mühle hinein, um sich etwas auszuruhen. Zu seiner Überraschung stand hinter der Tür ein wunderschöner, alter Pflug. So etwas hatte er noch nie gesehen.
Als er das prächtige Gerät genau untersuchte, entdeckte er die Buchstaben: „T E A R A T N".
Da begab er sich zum Dorfaufseher und erzählte ihm alles. Dieser schaute sich den wundersamen Fund an. Dann rief er die Dorfbevölkerung zusammen und diese beschloss, das wunderbare Gerät, den Pflug, in ihr Wappen aufzunehmen. Seit diesem Tag hat Terenten ein Wappen mit einem Pflug.

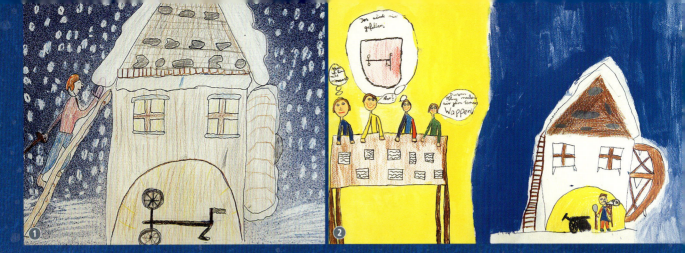

Zeichnungen von: 1) Olivia Augschöll, 2) Veronika Mair, 3) Damian Hopfgartner

Zeichnungen von: 1) Ramona Engl · Auf der Englalm, 2) Florian Unterhofer · Die Sage vom Teufelsstein, 3) Patrizia Oberhofer · Der Marksteinrücker

Von seltsamen Steinen...

MAGISCHE ORTE, SAGEN UND GESCHICHTEN

Steine übten auf Menschen schon seit jeher eine magische Faszination aus.
Die verschiedenen Formen regten ihre Fantasie an, mystische Gestalten entstanden in ihren Köpfen.
Steine sind Sinnbild für das Unvergängliche, das Ewige.
Menschen konnten auf Steinen bleibende Spuren hinterlassen.

Von seltsamen Steinen...

DIE SAGE VOM TEUFELSSTEIN

Der Teufelsstein im Winterschlaf.

In Mühlwald, einem Dorf im Tauferer-Ahrntal, hatten die Bauern den Teufel sehr erzürnt, weil sie eine neue Kirche erbaut hatten. Deshalb wollte der Teufel einen großen Stein vom Mutenock, einem Berg zwischen Terenten und dem Mühlwaldertal, hinunterwerfen, um das christliche Gebäude zu zerschmettern. Voller Zorn holte er in Lüsen einen riesigen Stein. Er lud ihn auf eine Kraxe und machte sich auf den Weg zurück. Als der Teufel nach Terenten kam, war auch er schließlich müde. Er beschloss, kurz zu rasten, und stellte den Stein mitten auf einem Weideplatz im Wald nieder.

Weil er aber so sehr fluchte, vergaß er etwas ganz Wichtiges. Seine böse Tat musste zwischen dem Abend- und Morgenbetläuten geschehen. Da begann es bereits hell zu werden. Der Mesner in Terenten war ein Frühaufsteher und schon läuteten die Glocken der Terner Kirche.

Als der Teufel die Glocken hörte, musste er wie der Blitz wieder in die Unterwelt verschwinden. Er kam nie mehr zurück, um den Stein zu holen.

Daher liegt der Stein noch immer im Wald oberhalb des Nunewiesers und wird von allen „Teufelsstein" genannt.

Zeichnung von: Isaak Plattner

DIE SAGE VOM TEUFELSSTEIN

Zeichnungen von: 1) Iris Rieper, 2) Edith Hofer,
3) Felix Niederkofler, 4) Petra Engl, 5) Elena Mayr

Von seltsamen Steinen...

Von seltsamen Steinen..

DER HEXENSTEIN

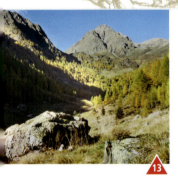

In Tarenten gibt es mehrere Schalensteine. Diese werden so genannt, weil sie runde Grübchen haben. Diese Grübchen sind auf Steinen und Felsplatten in verschiedenen Größen und Vertiefungen angebracht. Oft zählt man bis zu 30 Vertiefungen, manchmal sind sie in Form eines Kreuzes oder Sternbildes eingehauen.

Unter den Schalensteinen in Terenten ist der „Hexenstein" im Winnebachtal der bekannteste, und am meisten von Sagen und Erzählungen umwoben.

Eine Sage erzählt, dass Hexen auf diesem Stein getanzt haben sollen. Mit ihren heißen Füßen sollen sie kleine Grübchen ausgebrannt haben. So sollen die vielen Löcher entstanden sein.

Einige Leute vermuten, dass die Menschen früher Löcher in die Steine bohrten, sobald ein Kind auf die Welt kam. Sie schütteten Öl in die Löcher und zündeten es an, um Gott „Danke" zu sagen.

DER FRUCHTBARKEITSSTEIN

In Pichlern beim Holzerhof liegt im Wald auch ein seltsamer Stein. Es ist eine Gesteinsplatte, die ganz glatt ist. Auch dieser Stein ist ein Schalenstein. Es sind drei Grübchen zu finden. Er wird auch „Fruchtbarkeitsstein" genannt. Man erzählt sich, dass auf ihm früher Mann und Frau nackt hinunterrutschten, damit sie fruchtbar wurden und Kinder bekamen.

Wer Lust hat, soll das unbedingt einmal ausprobieren!
Ein Tipp: Eine alte Hose anziehen und auf Fichtenzweigen hinunterrutschen!

Zeichnungen von: 1) Celina Kostner, 2) Laura Engl, 3) Emma Reichegger

Zeichnungen von: 1) Michael Kofler, 3) Dominik Verdorfer, 3) Jasmin Obergolser

DER MARKSTEINRÜCKER

Es waren einmal zwei Bauern aus Margen, von denen besaß der eine mehr Feld als der andere. Die Felder der beiden grenzten aneinander. Bei der Heuernte setzte der Bauer mit mehr Besitz jedes Mal den Grenzstein um einige Zentimeter in das Nachbarfeld, sodass sein Feld stets etwas größer wurde. Am Anfang wunderte sich der Bauer, als sein Feld immer kleiner wurde und von Jahr zu Jahr die Ernte geringer ausfiel.
Eines Tages fragte er den anderen Bauer: „Hast du etwas damit zu tun, dass mein Feld immer kleiner wird?" Dieser aber schwor hoch und heilig, dass er damit nichts zu tun habe.
Nach einiger Zeit starb der reiche Bauer. Junge Burschen, die die Grenze dieser zwei Felder als Abkürzung ins Dorf nahmen, erzählten von merkwürdigen Dingen, die sich dort zutragen würden. Von da an wagte sich kein Mensch mehr über diese Abkürzung. Nach ein, zwei Jahren hatten sich einige Burschen Mut angetrunken und so beschlossen sie, diese Abkürzung ins Dorf zu nehmen. Als sie nun in die Nähe der Grenzsteine kamen, hörten sie furchterregende Geräusche. Alle außer einem Burschen liefen davon. Der wollte der Sache auf den Grund gehen. Als er weiter ging, hörte er ein Jammern:
„Wo soll i den hin tian, wo soll i den hin tian?"
Darauf antwortete der Bursche: „Tuidn hin, wo du´n her osch!"
Ab diesem Tag waren beide Felder wieder gleich groß und das unheimliche Jammern wurde nie wieder gehört.

Von seltsamen Steinen…

AUF DER ENGL ALM

Die Engl Alm um 1940.

Im Jahre 1942 trug sich eine unerklärliche Geschichte bei der Engl Alm zu. Der Osn Tondl war damals Schafhirte auf dieser Alm. Eines Abends ging er mit dem Senner in die Heuschupfe zum Schlafen. Als es zehn Uhr nachts war, fielen plötzlich Steine von der Decke. Bis elf Uhr dauerte dieser Spuk. Der Osn Tondl hatte überhaupt keine Angst. Die beiden warfen die Steine in eine Ecke und dachten sich, dass die Senner der benachbarten Almen sie erschrecken wollten.
Nun geschah aber jeden Abend das Gleiche. Als es einmal Morgen wurde, fragten der Senner und der Osn Tondl die Nachbarn: „Sat des des giwedn mit de Stuane?" „Na, mir hobm mit den nichts zi tian!", antworteten sie. Am selben Abend versammelten sich alle Senner und Hirten von den Nachbaralmen in der Heuschupfe der Engl Alm, denn alle wollten Zeugen des Spukes sein.
Um zehn Uhr ging es wieder los. Da wurde ein Wachhund nach draußen geschickt. Aber der bellte nur ganz kurz und kam dann wieder in die Schupfe, denn es war niemand zu sehen. Als der Spuk noch immer nicht aufhörte, holten der Osn Tondl und der Gfallerbauer ihre Gewehre. Sie gaben ein paar Schreckschüsse ab, aber sehen konnten sie niemanden. In der Schupfe aber ging das Gepolter weiter.

>>

Zeichnungen von: 1) Annalena Prader, 2) Aaron Engl, 3) Hannah Blasbichler

AUF DER ENGL ALM

Zeichnungen von: 1) Maren Engl, 2) Stefan Mayr, 3) Michael Klapfer

Von seltsamen Steinen...

Als es wieder Morgen wurde, holte einer der Männer die Carabinieri. Sie kamen noch am selben Abend zur Engl Alm. Pünktlich um zehn Uhr fielen wieder Steine von der Decke.
Die Carabinieri schauten sich um. Einer ging nach draußen und der andere blieb in der Schupfe. Plötzlich fiel ihm ein Stein auf die Hand. Da merkte er, dass die Steine trocken und warm waren, obwohl es draußen regnete. Die Carabinieri sagten: „Do brauchts an Pforra!"
Noch in dieser Nacht verließen sie die Engl Alm. Es wurden Messen bezahlt. Nach drei Tagen schließlich hörte der Spuk auf. Niemand konnte sich das Ganze erklären.

AUF DER ENGL ALM

Von seltsamen Steinen...

Zeichnungen von: 1) Marcel Plaickner, 2) Jessica Mair
3) Daniel Rastner, 4) Lea Blasbichler, 5) Julia Künig

Zeichnungen von: 1) Daniel Lanthaler · Der Teufel beim Krautgartner,
2) Martin Leitner · Der Bettler beim Leimgruber

Von Teufeln, Hexen und Zauberern

MAGISCHE ORTE, SAGEN UND GESCHICHTEN

In früheren Zeiten trieben Teufel, Hexen und Zauberer häufig ihr Unwesen.
Hexen und Zauberer schlossen mit dem Teufel einen Bund,
in dem sie ihm ihre Seele vermachten und er ihnen dafür übernatürliche Zauberkräfte verlieh.
Viele Begebenheiten, die sich Menschen nicht erklären konnten,
waren in ihren Augen nur mit Hilfe der schwarzen Kunst möglich.

Von Teufeln, Hexen und Zauberern

MIT DEM TEUFEL IM BUNDE

Das Margener Kirchlein im Abendlicht.

Es war einmal ein Bauer in der Talson. Er hatte mit dem Teufel einen Pakt geschlossen. Wenn der Teufel den Bauern sein ganzes Leben lang vor Unheil bewahrte, dann bekam dieser, wenn der Bauer starb, seinen Leib und seine Seele.
So hatte der Bauer stets das beste Futter, die prächtigste Weide, das schönste Vieh und eine gute Ernte, egal ob es ein trockener oder ein verregneter Sommer war. Die Leute im Dorf fingen an, darüber zu reden. Es ließ ihnen keine Ruhe. Darum fragten sie den Bauern, warum es ihm stets so gut ginge. Er verheimlichte niemandem, dass er mit dem Teufel einen Bund geschlossen hatte. Er erzählte den Ternern, dass der Teufel ihn sogar manchmal am Sonntag während der Messe besuchte. Der Bauer wurde alt und starb. An seinem Begräbnistag wurde er mit einem Pferdegespann zur Terner Kirche gebracht. Da sollten vier starke Männer den Sarg aufheben und in die Kirche tragen. Doch der war ganz leicht. Sie machten den Sarg auf und sahen, dass er leer war. Da erzählte der Fuhrmann, dass seine Pferde plötzlich gescheut hatten, als er beim Margener Kirchlein vorbei gekommen war. Jetzt wusste jeder im Dorf, dass der Teufel sein Versprechen wahr gemacht hatte.

Zeichnungen von: 1) Marion Oberhofer, 2) Christian Schmid, 3) Gabriel Aichner

Zeichnungen von: 1) Vanja Jacimovic, 2), 3) Matthias Grunser

Von Teufeln, Hexen und Zauberern

BEGEGNUNG MIT DEM TEUFEL

Vor vielen Jahren gehörte Terenten ab dem Winnebachtal kirchlich zu St. Sigmund. Dorthin war es ein weiter, langer Weg. Wenn ein Kind geboren wurde, dann musste die Mutter, bevor sie in die Kirche ging, vom Pfarrer gesegnet werden. Dann durfte sie die Taufe mitfeiern.
Eines Tages bekam am Schneeberg eine Frau ein Kind. Die Eltern wollten das Kind am darauf folgenden Sonntag vor der Frühmesse in St. Sigmund taufen lassen und gleichzeitig die Mutter vom Pfarrer segnen lassen. In aller Früh brachen die Eltern mit ihrem Kind auf. Sie hatten gerade die Hälfte des Weges geschafft, da tauchte plötzlich eine Gestalt vor ihnen auf, welche die Frau und das Kind packte. Der erschrockene Bauer rief: „Was hat das zu bedeuten?"
Die Gestalt antwortete: „Ich nehme deine Frau und dein Kind mit. Wenn du dich in einem Jahr traust, alleine vor dem Betläuten wieder genau an dieselbe Stelle zu kommen, kriegst du Frau und Kind wieder!"
Die Gestalt verschwand mitsamt der Frau und dem Kind. Im Schatten der Laterne konnte der Mann noch einen Geißfuß erkennen. Also ahnte er, dass er dem Teufel begegnet war.
Es verging ein Jahr. Der Mann aber wagte sich nicht wieder zu dieser Stelle. Seit diesem Tag sah man die Frau und das Kind nie wieder.

16
Der sogenannte „Goaßklopf" oberhalb von St. Sigmund. Der Sage nach hinterließ der Teufel auf diesem Stein den Abdruck seiner „Goaßfüße", die man heute noch sehen kann.

DIE RODERHEXE

Beim Roder wohnte einmal ein altes Weib.
Es war ganz buckelig und alt. Die Leute im Dorf nannten
dieses Weiblein Roderhexe. Die Familie von der
sogenannten Roderhexe stellte Räder her und reparierte sie.
(Roder kommt von Rader – Radmacher)
Eines Tages ging die Roderhexe beim Hasenwirt vorbei.
Da saßen drei Männer draußen auf den Stühlen und spotteten
über das alte Weib: „Oh, oh, i bin is olte, buggilate
Weibile", sagte der eine. Der andere rief: „Oh, i bin jo
soffl olt. Mein Buggl isch jo schun krummp!" Der Dritte fügte
hinzu: „I bin jo schun soffl olt und mei Gsicht isch volla Runzl!"
„Enk wear is schun no zuagn", dachte das Weib.
Es ging zum „Tenglschtuan", der neben dem Futterhaus stand.
Dort rührte es im Wasser, das sich in einem Grübchen
des Steines gesammelt hatte. Dabei sagte das Weib ein
Sprüchlein auf. Dann ging es nach Hause.
Bald zog ein gewaltiges Unwetter auf. Bäume wurden
entwurzelt und Dächer abgedeckt. Die Männer, die das Weib
verspottet hatten, kamen bei dem Unwetter um.

Roder und Woller
vor dem Verfall.

„Tenglschtuan"
Stein zum Schärfen der Sensenklinge

Von Teufeln, Hexen und Zauberern

Zeichnungen von: 1) Hannes Unterhofer, 2) Anna Weissteiner

Von Teufeln, Hexen und Zauberern

DIE BUTTERHEXE

Der Hauerhof in der Talson um 1960.

Zum Hauer in der Talson kam einmal ein altes Weiblein. Es hatte Hunger und bat die Hauerin: „Könntest du mir etwas zu essen geben?" Zuerst wollte ihm die Hauerin nichts geben, doch schließlich gab sie ihm doch ein Stück Butter. Damit hatte das alte Weib aber nicht genug. Etwas erzürnt ging es wieder nach Hause zum Kleber. Nach einigen Tagen wollte die Hauerin „kibbeln" (Butter machen), aber es ging nicht und es ging nicht. Der Rahm wollte nicht zu Butter werden. Dann legte sie zwei Eisen in den heißen Ofen. Die heißen Eisen steckte sie dann in den Butterkübel. Und siehe, ganz plötzlich wurde aus dem Rahm Butter. Genau in diesem Moment spürte das Kleberweiblein am ganzen Körper Schmerzen. Überall hatte sie Brandflecken, so erzählten die Leute.

DIE HEXE IM TERNERTAL

Auf den Almen im Ternertal waren einmal ganz besonders schöne Kälber.
Da kam eines Tages eine alte Frau des Weges.
Die Frau sagte: „So schöne Kälbchen!", und strich ihnen allen über den Rücken. Dann sagte sie: „Ich muss nun weiter gehen, weil jetzt ein heftiges Gewitter kommt."
Sie wurde noch gesehen, wie sie Richtung Eidechsspitze ging. Dann kam tatsächlich ein fürchterliches Unwetter,

Zeichnung von: Jana Senn

es hagelte und regnete in Strömen.
Als das Unwetter vorbei war, kam die Frau wieder zur Alm.
Ihre Kleider aber waren kein bisschen nass, sie waren ganz
trocken. Die Kälber aber, denen sie über den Rücken
gestrichen hatte, wurden immer dünner und dürrer, bis nur
noch Haut und Knochen übrig waren.
Man erzählte sich, dass diese Frau, die die Kälber verhext
hatte, eine Hexe war.

Von Teufeln, Hexen und Zauberern

DIE KRÖTE

Historische Aufnahme von Höfen in Pichlern.

Es lebte einmal ein alter Mann, dessen Frau gestorben war, auf einem Bauernhof in Pichlern. Da er keine Kinder hatte, an die er sein Hab und Gut vererben konnte, beschloss er nach langem Hin und Her, den Hof zu verkaufen. Aber bis zu seinem Tode beabsichtigte der Bauer auf dem Hof zu bleiben.
Es zeigten mehrere Leute Interesse am Hof und bald war der richtige Käufer gefunden. Der Bauer entschied sich für den Meistbietenden. Als es dann aber zur Geldübergabe kam, musste der Käufer dem Bauern eingestehen, dass er nicht den gesamten Betrag zur Verfügung hatte. „Ich kann dir nur die Hälfte der Summe aushändigen!", sagte der Käufer.
Weil der alte Mann gutherzig war, zeigte er sich damit einverstanden. Inzwischen vergingen Wochen, Monate, ja sogar Jahre, ohne dass der Käufer seine Schulden bezahlte.
Der alte Bauer ahnte, dass er bald sterben würde, und so sagte er zum neuen Besitzer: „Ich möchte den Rest des Geldes, den du mir noch schuldest, in heilige Messen anlegen!" Doch der neue Besitzer vertröstete den alten Mann wieder und versprach, dass er ihm das Geld zum nächst möglichen Zeitpunkt mitbringen werde. Eine Woche später starb der alte Bauer, ohne den Rest des Geldes erhalten zu haben. Der neue Besitzer schickte nun seine Dienstboten auf den Hof, um Ordnung zu schaffen. Er selber werde einige Tage später nachkommen.
Als der Mann auf den Hof kam, berichtete ihm die Magd, dass sich seltsame Dinge abspielen würden.

\>\>

Zeichnung von: Jonas Engl

DIE KRÖTE

Zeichnungen von: 1) Matthias Feichter, 2) Adriana Rungger, 3) Georg Mayr

Von Teufeln, Hexen und Zauberern

Jeden Morgen, wenn sie in die Küche kam, fand sie eine riesige Kröte, die auf einem Hackstock in der Ecke saß. Jedes Mal scheuchte sie die Kröte vor die Tür, doch jeden Morgen saß sie wieder auf dem gewohnten Platz. Um sich davon zu überzeugen, ging der neue Besitzer am nächsten Morgen in die Küche und fand die Kröte genau so vor, wie es die Magd beschrieben hatte. Um dem Spuk ein Ende zu bereiten, nahm er ein Holzscheit und schlug die Kröte tot. Anschließend warf er den Kadaver vor die Tür, damit ihn jeder sehen konnte. Als die Magd am nächsten Morgen in die Küche kam, fand sie die Kröte am gewohnten Platz vor. Sie schrie laut auf. Als der Besitzer das sah, erinnerte er sich, dass er dem verstorbenen Bauern seine Schulden nicht bezahlt hatte. Er eilte schnell mit dem Geld zum Pfarrer und gab es ihm, damit dieser Messen für den verstorbenen Bauern lesen konnte. Und seit diesem Tag sah man die Kröte nie wieder.

Von Teufeln, Hexen und Zauberern

DER BETTLER BEIM LEIMGRUBER

Der Leimgruberhof, wie er einmal war.

Früher kamen oft Bettler zu den Bauernhöfen. Eines Tages erschien einer beim Leimgruber. Dort fragte der Bettler: „Darf ich heute bei euch übernachten?" Da antwortete der Leimgruberbauer: „Ich gebe dir hier ein Kreuzerlein und dann geh noch ein paar Häuser weiter, denn es ist noch zu früh." Darauf begann der Bettler zu schimpfen und schlimme Wörter zu sagen. Bevor er den Hof verließ, ging er unter eine Regenrinne zu einem großen Fleck feinem Sand. Dort zeichnete er einen Sarg in den Sand. Dann schimpfte er zurück zum Bauern: „Du sollst keinen gesunden Tag mehr haben!" Zornig ging der Bettler weiter. Gleich darauf lief die Leimgruberfamilie zu dem Sand und schaute, was der Bettler hinein gezeichnet hatte. Als der Leimgruberbauer den Sarg sah, erschrak er und wurde ganz unruhig. Kurze Zeit später erkrankte er schwer und musste nach Bozen ins Krankenhaus. Doch niemand konnte ihm helfen und er verstarb. Leider hatte seine Familie nicht das Geld, ihn wieder nach Terenten bringen und ihn hier begraben zu lassen. Also wurde er in Bozen beerdigt.

Zeichnungen von: 1) Philipp Mayr, 2) Sonja Auer, 3) Martin Tschöll

Von Teufeln, Hexen und Zauberern

DAS KRATZEN AN DER TÜR

So ein „Tischl" musste aus einer besonderen Holzart sein, das zu einer bestimmten Jahreszeit geschlägert wurde. Es durften keine Eisennägel verwendet werden und vielleicht mussten noch andere Sachen berücksichtigt werden, die man heute nicht mehr weiß!

Eine Geschichte erzählt, dass sich junge Burschen in einem Terner Dorfgasthaus ein „Tischl" gezimmert hatten.
Sie machten sich so manchen Scherz daraus, und fragten das „Tischl" allerlei Sachen, wie zum Beispiel: „Hot do Wirscht, Wosso in Wein gimischt?" ... „Hot do Franz mit der Dirn a Liebschoft?" ... Groß waren der Spaß und das Gelächter.
Wenn sie das „Tischl" etwas fragten, so hatte es immer Recht, sodass die Leute schon ganz verwundert waren.
Eines Abends saßen wieder mutige, starke Burschen beieinander und sie beschlossen, wieder das „Tischl" zu befragen. Einer der Burschen rief plötzlich: „Wenn es einen Teufel gibt, dann soll er doch an der Tür kratzen!" Sogleich kratzte es an der Tür.
Vor Schreck erstarrte ihnen das Blut in den Adern und keiner der mutigen, starken Burschen wagte es nachzuschauen, was oder wer nun wirklich vor der Tür sein Unwesen trieb.
Vielleicht war es nur eine Katze oder ein Bursche, der das zufällig gehört hatte. Keiner wusste es.
Nach einiger Zeit schauten sie doch nach, da war nichts ..., nur die Kratzspuren auf der Tür waren deutlich zu sehen.
Noch am gleichen Abend wurde das „Tischl" samt der Tür zusammengehackt und verbrannt.
So ein „Tischl" wurde dann nie mehr gezimmert!

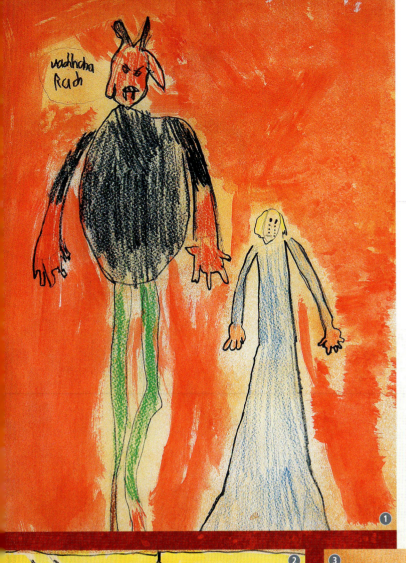

DER TEUFEL BEIM KRAUTGARTNER

Beim Krautgartner in der Talson soll es früher oft ganz lustig zugegangen sein. Eines Abends traf sich eine Gruppe junger Leute in der Stube vom Krautgartner. Da kam einer auf die Idee, „Tischl zi ruckn". Irgendwann sagte ein anderer übermütig: „Wenn`sn gib, so solla kemm!" Auf einmal kam ein fescher Mann und holte sich das schönste Mädchen zum Tanzen. Als es spät wurde, sahen die Leute, dass der Mann nicht Füße wie ein Mensch hatte, sondern „Guaßfüße". Ängstlich schlichen sie sich davon. Wie sie den Teufel losgeworden sind, erzählt die Geschichte nicht mehr.

Zeichnungen von: 1) Valentin Dejaco, 2) Elias Volgger, 3) David Rieder

Zeichnungen von: 1) Sarah Schmid · Der Neuhauser auf der Huberalm,
2) Franziska Schuster · Die Sage vom Kompfosssee, 3) Melanie Unterpertinger · Der Neuhauser auf der Huberalm

Von Berggeistern und Zwergen

MAGISCHE ORTE, SAGEN UND GESCHICHTEN

Zu den landschaftlichen Kostbarkeiten unserer Gegend
gehören zwei tiefblaue Bergseen, die von den Gipfeln der Grubbachgruppe
umrahmt werden: der Kompfosssee und der Tiefrastensee.

Fast alle Alpenseen haben in der Sage denselben Ursprung:
Als Strafe für eine Untat, für Gier und Geiz, Feiertagsmissachtung und Gottlosigkeit wurden ganze Bauernhöfe,
Almen oder sogar ganze Dörfer überflutet und auf ewig vernichtet.

Von Berggeistern und Zwergen

DIE SAGE VOM TIEFRASTENSEE

Vor langer Zeit war die Stelle, wo heute der Tiefrastensee
liegt, noch steiniges Gebiet.
Dort standen viele kleine Hütten. In den Hütten wohnten viele
Zwerge. Die Zwerge arbeiteten nämlich im Bergwerk,
das dem Zwergenkönig Mute gehörte. Die Zwerge suchten
in den Stollen des Bergwerkes nach Kristallen. Mute bezahlte
seine Arbeiter sehr gut. Doch mit der Zeit wurden die
Zwerge immer unzufriedener.
Eines Tages fanden die Zwerge einen riesengroßen Edelstein.
Sie sagten: „Den behalten wir. Wir verkaufen ihn und teilen
das Geld auf! Wir sagen Mute nichts davon."
Doch Mute erfuhr von dem Vorhaben der Zwerge.
Er war sehr enttäuscht.
In der Nacht beschwor Mute ein riesiges Unwetter herauf.
Von den Berghängen rund um das Bergwerk kam Wasser und
die Zwerge in den Hütten waren verloren.
Der Zwerg Mute floh und wurde nie wieder gesehen.
Ein Berg behielt seinen Namen: Es ist der Mutenock.
Der Tiefrastensee, wo ursprünglich das Bergwerk stand,
ist bis heute so geblieben.

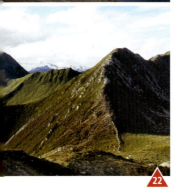

Der Tiefrastensee
und der Mutenock.

Zeichnungen von: 1) Beatrix Pfattner, 2) Jakob Thalmann

Zeichnungen von: 1) Evelyn Grunser, 2) Dominik Volgger

Von Berggeistern und Zwergen

DIE SAGE VOM KOMPFOSS-SEE

Einst war oben im Kompfoss-Gebiet eine schöne, grüne Alm. Sie gehörte dem reichsten Bauern in Terenten. Dort lebte ein junger Hirte, der Augen so blau wie ein Enzian hatte. Eines Tages brachte ihm die einzige Tochter des Bauern das Essen. Sie schaute ihm in die Augen, verliebte sich und sagte: „Weißt du, dass du schönere Augen hast als alle Burschen drunten im Dorf?" Aber der Hirte antwortete: „Du bist reich und Geld wiegt mehr als blaue Augen." Doch die Tochter des Bauern entgegnete: „Du bist der Schönste, ich bin die Reichste, das gibt doch ein glückliches Paar" – und küsste den Hirten. Kurz darauf sagte der Hirte: „ Auch ich habe dich lieb, aber merk dir eins, wenn du mich zum Narren hältst, werde ich dir ein Andenken hinterlassen." Die reiche Bauerntochter fragte erschrocken: „Kannst du denn hexen?" „Nein, aber die Berggeister sind meine Freunde", antwortete der Hirte. Es vergingen Tage, Wochen und sogar Monate und der Hirte wartete schon lange auf das Mädchen. Eines Tages meinte er, ihre Gestalt zu sehen. Doch es war nur ein Knecht, der das Essen für ihn brachte. Der Knecht sagte: „Ich habe es eilig, denn heute heiratet die Tochter des Bauern." Der Hirte war wie versteinert und die Berggeister beschwörten ein schreckliches Unwetter herauf. Am nächsten Morgen war an der Stelle der Almhütte ein See, so blau wie die Augen des Hirten.
Einige Wochen später kam die Tochter, um den Hirten zu sehen. Doch an der Stelle, wo früher die Hütte des Hirten stand, war nur mehr ein See. Weinend lief das Mädchen nach Hause. Der Hirte aber wurde nie mehr gesehen.

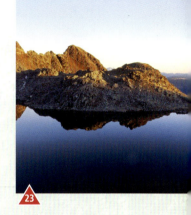

23
Der Kompfoss-See liegt zwischen Steinspitz und Eidechsspitze.

DIE SAGE VOM KOMPFOSS-SEE

Zeichnungen von: 1) Nadine Gasser, 2) Ivan Lechner, 3) Tanja Rieder, 4) Stefan Grießmair, 5) Lisa Lechner

Von Berggeistern und Zwergen

Zeichnungen von: 1) Julia Künig · Das neue Futterhaus,
2) Isaak Plattner · Beim Wildern, 3) Elena Mayr · Auf der Jagd

Der Oberleitner

MAGISCHE ORTE, SAGEN UND GESCHICHTEN

Einer der früheren Besitzer des Oberleitnerhofes war bekannt als Schwarzkünstler.
Er hatte mit dem Teufel einen Bund geschlossen.
Der Teufel brachte dem Oberleitner eine Menge Bücher aus der Welt der Zauberer,
damit er das Zaubern erlernen konnte. Dafür musste er dem Teufel seine Seele versprechen.
Der Oberleitner nahm sein Versprechen nicht ernst, denn der Teufel hatte ihm versprochen, dass er ihn erst holen werde,
wenn eine seiner Kühe ein weißes Kalb geworfen hätte. „Da mag er lange warten", dachte sich der Oberleitner,
„denn unsere Kühe werfen nie und nimmer ein weißes Kalb."
Er legte die Hexenbücher in einen Kasten und lernte daraus fleißig die „Schwarze Kunst".

Der Oberleitner

AUF DER JAGD

Dem Oberleitner gefiel das Schießen.
Wenn ein Wild auf seine Wiesen kam, musste es wie angefroren stehen bleiben, bis der Oberleitner sein Gewehr geholt hatte. Dann erschoss er es.
Einmal ging der Oberleitner mit seinem Knecht auf die Jagd ins Gebirge. Weil sie aber zu wenig zum Essen mitgenommen hatten, bekamen sie bald Hunger. Der Oberleitner wusste, dass seine Frau an dem Tag Schlutzkrapfen machte.
Er sagte zum Knecht: „Stell dich auf meine Füße, dann sind wir gleich zu Hause!" Nach ein paar Minuten waren sie daheim und gingen mit den Dienstboten zum Mittagessen.
Seine Frau wusste aber nicht, dass die Zwei auch zum Essen kommen wollten. Die Schlutzkrapfen in der Schüssel reichten nicht für alle. Da wusste sich der Oberleitner zu helfen – er zauberte. Jeder, der in die Schüssel sah, erblickte lauter Spitzmäuse und verließ vor Ekel die Stube.
Der Oberleitner und sein Knecht sahen in der Schüssel nur die Schlutzkrapfen und aßen mit Genuss.

Kapelle und Kornkasten beim Oberleitner.

Zeichnungen von: 1) Maren Engl, 2) Petra Engl, 3) Iris Rieper

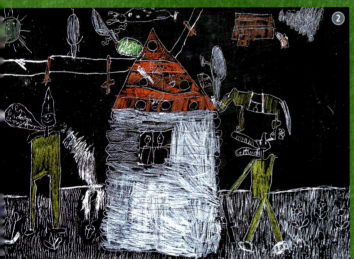

Zeichnungen von: 1) Emma Reichegger, 2) Marcel Plaickner, 3) Lisa Lechner

Der Oberleitner

BEIM WILDERN

Eines Tages ging der Oberleitner mit seinem Knecht ins Zillertal, um Steinböcke zu jagen. Plötzlich wurden sie überfallen. Der Oberleitner hätte sich wegzaubern können. Er tat es aber nicht, da er Angst um seinen Knecht hatte. Doch die Männer ließen den Knecht laufen. Da befreite sich der Oberleitner schnell und verschwand.

Auf einem seiner Wildererausflüge verirrte er sich mit seinem Knecht über das Joch ins Lappacher Revier. Dort bekamen sie Durst und beschlossen, in einer Hütte einzukehren. Sie lehnten ihre Gewehre an die Wand vor der Tür. Dort ließ der Oberleitner die Gewehre anfrieren, damit sie niemand wegnehmen konnte. Das war schlau gewesen, denn als sie in der Hütte waren, kamen die Lappacher Aufsichtsjäger, die sie schon heimlich verfolgt hatten, und wollten die Gewehre mitnehmen. Aber es ging nicht. So sehr sie sich auch bemühten, sie schafften es nicht. Die Gewehre waren wie angefroren. Voller Zorn stürzten sie in die Hütte, um die Terner Wilddiebe zu fassen. Als sie aber sahen, dass sie es mit dem Oberleitner zu tun hatten, der gerade mit seinem Messer auf seinem Knie Tabak aufschnitt, da beschlossen sie zu verschwinden. Sie versteckten sich im Wald, um dort auf den Oberleitner zu lauern. Sobald er vorbei kommen würde, wollten sie ihn von hinten erschießen. Der Oberleitner hatte dies jedoch schon befürchtet. Als er sah, dass man auf ihn zielte, verzauberte er die Kugeln. Die Lappacher schossen und die Kugeln prallten an seinem Körper ab und flogen wieder zu ihnen zurück. Schnell liefen sie davon und beschlossen, den Oberleitner in Zukunft in Ruhe zu lassen.

Der Oberleitner

DAS NEUE FUTTERHAUS

Das Holz zum Bau des Futterhauses, das vor Jahren abgerissen wurde, soll der Oberleitner auf ganz eigenartige Weise hergeschafft haben. Er bestellte Zimmerleute auf seinen Hof, die das neue Futterhaus bauen sollten. Der Zimmermeister kam morgens mit seinen Leuten und sah, dass kein Bauholz hergerichtet war. Wozu hast du uns hergenarrt, wenn kein Bauholz vorhanden ist!", schimpften sie aufgebracht. Der Oberleitner antwortete ihnen: „ Geht nur in das Haus zum Frühstücken, ich werde inzwischen das Bauholz besorgen." Während die Zimmerleute frühstückten, befahl der Oberleitner seinem Knecht: „Hol den Giggo (Hahn) aus dem Stall und bring das Bauholz, das oben im Walde liegt, herunter, aber flugs!" Der Knecht tat alles so, wie es ihm der Oberleitner aufgetragen hatte.

Als die Zimmerleute aus dem Haus kamen, erblickten sie ein nie gesehenes Fuhrwerk. Der Knecht kam mit dem Hahn, der an einer Schnur eine Menge Strohhalme nachzog. Ein Lachkrampf überkam alle, bis einer endlich zum Oberleitner sagte: „Bist du ganz von Sinnen? Müssen wir dich heute noch nach Hall (in die Psychiatrie) liefern?" Der Knecht ließ sich nicht beirren, sondern lenkte das sonderbare Gespann hin zum Haus, spannte aus und die Strohhalme verwandelten sich urplötzlich zu schönen Holzstämmen. Der Oberleitner sagte ganz ruhig: „So, jetzt ist das Holz auch da." Man kann sich vorstellen, wie die Zimmerleute da gestaunt haben. Dieses Holz wurde dann zum Bau des Dachstuhles verwendet.

Diese Aufnahme um 1950 zeigt das alte Oberleitner Futterhaus mit dem sagenhaften Bauholz.

Zeichnungen von: 1) Damian Hopfgartner, 2) Julia Künig, 3) Dominik Volgger

DER VENEDIGER

"Verzaubertes Wasser" am Terner Bach

Früher gab es in Terenten eine Quelle, die Gold führte. Jedes Jahr kam ein Venediger, um das Gold abzuschöpfen, das im „Trögl" liegen geblieben war. Von dieser Sache wussten die Leute im Dorf, aber das Gold bekam niemand zu sehen. Das ärgerte den Oberleitner und er zauberte das Wasser, das „Trögl" und das Gold unsichtbar in den Boden.
Als der Venediger nun wieder kam, um das Gold zu holen, musste er ohne das Gold nach Hause fahren. Es gelang ihm aber zu erfahren, dass der Oberleitner damit zu tun hatte und er schwor ihm Rache.
Einmal hatte der Oberleitner in Venedig zu tun. Nachdem er seine Geschäfte erledigt hatte, spazierte er gemütlich durch die engen Gassen. Da erblickte er einen Mann, der aus einem Fenster schaute und ihn sogar einlud, in sein Haus zu kommen. Der Oberleitner kannte den Mann nicht und dachte auch nicht an die Sache mit dem „Goldbrünnl". So stieg er ahnungslos die Treppe hinab. Die Tür öffnete sich und ein Diener bat den Oberleitner einzutreten. Er führte ihn in einen Saal.
Dort saß ein Mann, den der Oberleitner sofort erkannte. Es war der Venediger vom „Goldtrögl". Der Venediger trat auf den erschrockenen Oberleitner zu und rieb ihm die gemeine Hexerei vom Goldtrögl unter die Nase. Dafür sollte er mit seinem Leben bezahlen. Der Oberleitner fand diese Strafe etwas zu hart.

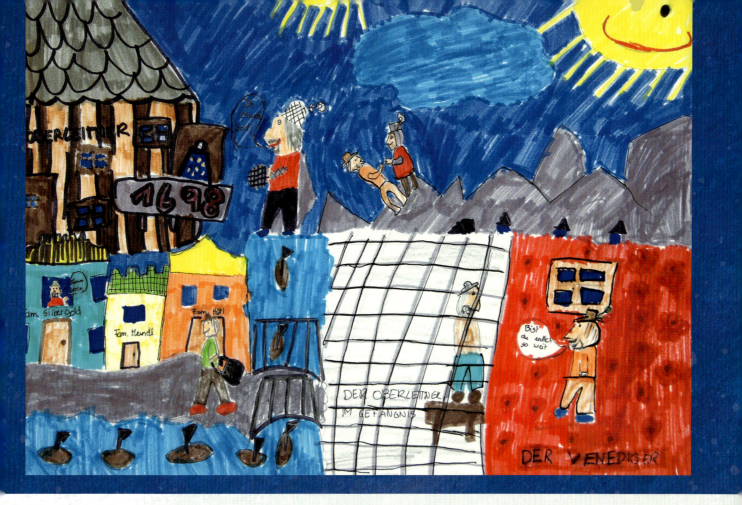

Zeichnung von: Hannah Blasbichler

Er bat den Venediger um ein paar Minuten Zeit, damit er sich auf seinen Tod vorbereiten konnte. Dagegen hatte der Venediger nichts einzuwenden. Er schickte den Oberleitner in ein vergittertes Zimmer. Der Oberleitner hatte aber nur Zeit gewinnen wollen und tat so, als ob er beten würde.
Dann rief er: „Ich bin mit Gott ins Reine gekommen."
Als der Venediger ins Zimmer kam und die Tür hinter sich geschlossen hatte, wirbelte es beide ein paar Mal herum, dann befanden sie sich in der Oberleitner Stube. Hier hatte der Venediger keine Macht mehr über den Oberleitner und er konnte froh sein, unversehrt den steilen Krapfenpichl hinunter nach Vintl laufen zu dürfen.

DER ROGGENSTEHLER

Das „Zauberbuch" vom Oberleitner, gemalt von Isidor Michael Engl.

Einmal hatte der Oberleitner einen Knecht, der ihm drei Star Roggen stahl, um sie zu verkaufen. Der Knecht vergrub das Korn. Aber der Oberleitner wusste das und machte den Knecht gefroren: Er musste genau dort stehen bleiben, wo er den Roggen vergraben hatte, bis der Oberleitner herbeikam und ihn erlöste.

DAS WEISSE KALB

Einmal hatte der Oberleitner gehört, dass auf einem Bauernhof ein weißes Kalb zur Welt gekommen war. Er befahl dem Bauern, dem das Kalb gehörte: „Wirf dein weißes Kalb in die Rienz!" Der Bauer versprach es, befolgte dies aber nicht. Da fragte ihn der Oberleitner: „Wie ist der Bach geronnen?" „Trüb", log der Bauer den Oberleitner an. „Du hast es nicht in die Rienz geworfen!", rief der Oberleitner zornig.
Der Bauer wagte es nun nicht mehr, das Kalb zu behalten. Er warf es in die Rienz. Das Wasser rann blutrot und auf beiden Seiten des Flusses schwamm lauter Wild.

„Star"
Holzgefäß für Getreide mit einem Inhalt von 20 bis 25 kg.

OBERLEITNERS ENDE

Eines Tages warf im Stall vom Oberleitner eine Kuh ein weißes Kalb. Als der Bauer die Nachricht davon bekam, wurde er leichenblass und befahl dem Knecht, sofort alle Bücher in die Rienz zu werfen. Der Knecht aber wollte selbst auch einmal ein Hexenmeister werden und versteckte ein paar Bücher. Die übrigen warf er in die Rienz. Der Oberleitner wusste das und befahl dem Knecht erneut, alle Bücher in die Rienz zu werfen. Er befolgte den Befehl aber wieder nicht ganz, denn er behielt erneut ein paar. Da befahl ihm der Oberleitner zum dritten Mal, wirklich alle Bücher in die Rienz zu werfen, und der Knecht warf auch das letzte Buch hinein. Als er die ersten Bücher in die Rienz warf, schäumte das Wasser bloß. Bei der zweiten Ladung schäumte und zischte das Wasser so sehr, dass der Knecht Angst bekam. Beim letzten Buch warf der Fluss zornig die Wellen über die Ufer. Der Oberleitner bekehrte sich schnell, bevor ihn der Teufel zu holen kam, und tat Buße. Seitdem sah der Oberleitner nie mehr zum Himmel empor, sondern blickte aus Reue immer nur auf den Boden.

OBERLEITNERS ENDE

Zeichnung von: Olivia Augschöll

Der Oberleitner

Nach einer anderen Version endete das Leben des Oberleitners so:

Im Winter war der Oberleitner einmal ein paar Tage krank und lag beim warmen Ofen. Da brachte seine schönste Kuh ein Kalb auf die Welt. Er fragte die Magd, welche Farbe es habe. Die Magd sagte, dass es weiß sei. Der Bauer erschrak. Er ging in ein Zimmer und sperrte sich dort ein. Später warf er alle Schriften und Bücher in den Stubenofen. Während sie verbrannten, rann Blut aus dem Ofen heraus. Kurze Zeit später verstarb der Oberleitner. Als die Träger beim Pater-Kreuz den Sarg vom Gespann nahmen, öffneten sie ihn, weil er so leicht war. Der Sarg war leer.

Solche und ähnliche Geschichten werden über den alten Oberleitner erzählt. Wie die Leute dazu kamen, diese Dinge zu erfinden, bleibt ein Rätsel. Der um 1720 verstorbene Oberleitnerbauer war sicher alles andere als ein Hexenmeister. Er war höchstes etwas schlauer und aufgeschlossener als seine vielleicht noch abergläubischen Nachbarn.

EIN BESONDERER DANK GEBÜHRT:

DEN ERZÄHLERINNEN UND ERZÄHLERN DER SAGEN UND GESCHICHTEN:

Alois Schmid, Raffalt · Johann Unterpertinger, Egger · Alois Engl, Moar am Graben

Martha Künig, Oberhauser · Maria Engl, Binder · Josef Leitner vom Moar in Margen

Anton Oberhofer, Wiesenheim · Isidor Michael Engl, Binder · Maria Mair, Niederhof

Josef Reichegger, Michal · Josef Kofler, Oberleitner · Anton Mair, Egger in Margen

Andrea Oberhofer Kofler, Oberleitner · Überliefert von Marianna Unterpertinger Leitner

ALLEN, DIE ZUM GELINGEN DIESES BUCHES
EINEN BEITRAG GELEISTET HABEN.

....

DEN SPONSOREN: